NOTE

SUR LA

CIRCULATION MONÉTAIRE

ET LES

MOYENS D'ÉCHANGE

dans les Colonies françaises et Pays de Protectorat

D'APRÈS LES DOCUMENTS OFFICIELS

RECUEILLIS PAR L'ADMINISTRATION DES COLONIES

MELUN

IMPRIMERIE ADMINISTRATIVE

1894

NOTE

SUR LA

CIRCULATION MONÉTAIRE

ET LES

MOYENS D'ÉCHANGE

dans les Colonies françaises et Pays de Protectorat

D'APRÈS LES DOCUMENTS OFFICIELS

RECUEILLIS PAR L'ADMINISTRATION DES COLONIES

MELUN

IMPRIMERIE ADMINISTRATIVE

—

1894

RÉSUMÉ

DE LA

SITUATION DES COLONIES FRANÇAISES

au point de vue des diverses monnaies

EN CIRCULATION DANS CHACUNE D'ELLES

1° Monnaies françaises. — La computation monétaire de la métropole a été adoptée dans toutes les colonies, sauf en Indo-Chine et dans les Établissements français de l'Inde.

Cependant, les monnaies d'or ne circulent pas ou, tout au moins, leur emploi dans les transactions est très restreint. Dans la plupart des colonies, d'ailleurs, les espèces d'argent sont d'un usage relativement peu répandu, sauf dans la Guinée française et la Côte d'Ivoire où l'on trouve, dans la circulation, beaucoup de pièces d'argent de cinq francs et de cinquante centimes. Aux Antilles, à la Réunion et dans la Guinée française, on se sert couramment des pièces en bronze de dix et de cinq centimes.

Depuis 1885, l'Indo-Chine a été dotée d'une piastre de fabrication française, frappée à l'Hôtel des monnaies de Paris, et appelée *piastre de commerce*. Cette pièce d'argent est au titre de 0,900 et pèse 27 gr. 215, ainsi que l'indiquent les mentions inscrites au verso. La valeur de la piastre suit les fluctuations du cours du métal argent; mais, en ce qui concerne les recettes et les paiements effectués par les caisses publiques, un arrêté du Gouverneur général détermine, chaque mois, le *taux légal* de la piastre pour le mois suivant. Les subdivisions de la piastre sont les suivantes :

Pièces d'argent de............	Cinquante cents.	
	Vingt	—
	Dix	—
Pièce de bronze de...........	Un	—

La Monnaie a également frappé, pour l'Indo-Chine, des sapèques en bronze, portant en exergue la devise «Indo-Chine française».

2° Monnaies étrangères.— Les relations commerciales avec les pays voisins et l'usage ont introduit dans la circulation monétaire des colonies françaises un certain nombre de monnaies étrangères, en dehors de celles qui ont normalement cours en vertu des conventions monétaires.

L'Inde n'emploie exclusivement que des monnaies étrangères, la *roupie* et ses subdivisions. Les roupies, qui servent aux transactions dans les Établissements français de l'Inde proviennent soit des possessions anglaises dans lesquelles nos territoires sont enclavés, soit de la province portugaise de Goa (1).

La roupie est une pièce d'argent au titre de 0.916,6 et pèse 11 gr.664 ; ses subdivisions sont au nombre de sept, savoir :

Pièces d'argent ....
- Demi-roupie *ou* huit annas.
- Quart de roupie *ou* quatre annas.
- Huitième de roupie *ou* deux annas.

Pièces en bronze ....
- Six pies *ou* caches.
- Trois pies.
- Une pie et demie.
- Une pie ou une cache.

La valeur de la roupie suit les fluctuations du cours du change et ses subdivisions varient de valeur proportionnellement. En vertu du décret du 13 septembre 1884, le Gouverneur des Établissements français dans l'Inde fixe, chaque année, par un arrêté rendu en Conseil privé, sur la proposition du Trésorier payeur, et d'après la moyenne des cours effectifs du change pendant les douze mois précédents, le *taux légal* à attribuer aux roupies pour les recettes ou les dépenses que les caisses publiques ont à effectuer. Cependant, en ce qui concerne le paiement des valeurs émises par le service des postes, le taux légal de la roupie est déterminé au moins tous les trimestres, et plus souvent, s'il y a lieu. (*Décret du 22 septembre 1890.*)

La roupie a également cours à Mayotte, à Nossi-Bé et à Obock.

En Indo-Chine, en même temps que les piastres de commerce françaises mentionnées précédemment, on trouve dans la circulation des piastres mexicaines, chinoises, japonaises et siamoises et leurs sous-multiples. Le cours commercial de ces monnaies suit les variations du cours du métal argent ; leur cours légal est déterminé, de même que pour la piastre de commerce, d'après les dispositions des

---

(1) Voir note, p. 27.

décrets des 5 juillet 1881 et 10 décembre 1887. Le *trade-dollar* des États-Unis a également cours en Indo-Chine.

A Obock, la monnaie qui sert dans les échanges est le *talari* ou thaler autrichien à l'effigie de Marie-Thérèse, portant le millésime de 1780 et dont la frappe se continue à Vienne. Cette pièce, qui circule concurremment avec la roupie à Obock et sur la côte du golfe d'Aden, est également acceptée dans les pays qui longent la mer Rouge et même en Égypte ; elle est reçue en Abyssinie, à l'exclusion de toute autre monnaie ; le taux du talari varie sur la côte, entre 3 fr. 50 et 4 fr. 80.

En dehors des roupies, des piastres et des talaris, dont la circulation est limitée aux colonies précitées, on trouve des monnaies anglaises dans les dépendances de la Guadeloupe (Saint-Martin, Saint-Barthélemy), à Saint-Pierre et Miquelon, dans les divers établissements de la côte occidentale d'Afrique (Guinée française, Côte d'Ivoire, Bénin, Congo), en Nouvelle-Calédonie, en Océanie et en Annam. Quelques pièces allemandes circulent au Bénin et à Obock. On trouve à la Guadeloupe des doublons espagnols ; ces pièces sont d'un usage courant à Saint-Pierre et Miquelon. Cette dernière colonie voit, d'ailleurs, la plupart des monnaies espagnoles, chiliennes, péruviennes, colombiennes, etc., contribuer à l'alimentation courante de sa circulation monétaire ; mais, seuls parmi cette variété de pièces, les doublons espagnols, colombiens et mexicains sont reçus dans les caisses publiques. Les monnaies chiliennes et péruviennes sont acceptées dans les transactions à Tahiti, mais elles n'ont pas cours légal. Le dollar des États-Unis d'Amérique jouit d'une certaine faveur en Indo-Chine, à Saint-Pierre et Miquelon et à la Guadeloupe.

3° Monnaies fiduciaires. — Deux éléments principaux concourent à assurer la circulation fiduciaire dans les colonies françaises : les billets des banques locales et les bons de caisse.

Des banques locales ont été créées par les lois du 30 avril 1849 et du 11 juillet 1851 et par les décrets des 21 décembre 1853 et 1er février 1854, dans les colonies de la Martinique, de la Guadeloupe, de la Réunion, de la Guyane et du Sénégal. Le privilège de ces établissements a été prorogé de vingt années par la loi du 24 juin 1874. Chacune de ces banques est autorisée, à l'exclusion de tous autres établiseements, à émettre dans la colonie où elle est instituée, des billets au porteur de 500 francs, 100 francs, 25 et 5 francs. Ces billets sont remboursables à vue au siège de la banque qui les a émis ; ils sont reçus comme monnaie légale dans l'étendue de chaque colonie par les caisses publiques, ainsi que par les particuliers.

Un décret du 21 janvier 1875 a doté la Cochinchine et l'Inde française de succursales de la Banque de l'Indo-Chine. Le décret du 20 février 1888 a étendu le privilège de cette banque à la Nouvelle-Calédonie et aux protectorats du Cambodge, de l'Annam et du Tonkin. La Banque de l'Indo-Chine est autorisée à émettre dans chacune de ses succursales : (Succursale de Saïgon, avec agences à Pnom-Penh et à Tourane. — Succursale d'Haïphong, avec agence à Hanoï. — Succursale de Pondichéry. — Succursale de Nouméa), à l'exclusion de tous autres établissements, des billets au porteur de 1.000 francs, 500 francs, 100 francs, 20 francs et 5 francs. Ces billets peuvent être, dans chaque pays, formulés en monnaie locale pour la valeur correspondant aux coupures ci-dessus. Les billets de la Banque de l'Indo-Chine sont remboursables à vue par la succursale qui les a émis. Jusqu'ici, la Banque de l'Indo-Chine n'a émis que les coupures ci-après :

Succursales de l'Indo-Chine....	Billet de cent piastres.
	— vingt —
	— cinq —
	— une piastre.
Succursale de l'Inde	Billet de cinquante roupies.
	— dix —
Succursale de Nouméa.........	Billet de cent francs.
	— vingt —

Depuis 1889, une banque privée, qui a pris le nom de *Banque de Saint-Pierre et Miquelon* fonctionne dans cette colonie ; elle émet des billets qui sont reçus dans les transactions entre particuliers.

On trouve également, dans la plupart de nos colonies, des billets de la Banque de France qui sont très recherchés par les personnes ayant des paiements à faire dans la métropole.

Il convient également de signaler l'existence, dans cinq colonies, de billets de banques étrangères qui sont reçus par les commerçants, savoir : à la Martinique et à la Guadeloupe, des bank-notes de cinq dollars des banques coloniales anglaises ; il circule, en outre, à Saint-Martin (dépendance de la Guadeloupe) des billets de Banque danois, — à Saint-Pierre et Miquelon, des billets de Banque des États-Unis et du Canada et des billets de la Banque de Terre-Neuve, — dans l'Inde, des billets de Banque des Présidences anglaises, qui sont reçus dans nos Établissements en subissant une légère perte, — enfin, au Tonkin, des billets de la *Hong-Kong and Shanghaï banking corporation*, de la *Chartered bank of India and China*, etc. : la proximité de Hong-Kong et les relations établies entre le Tonkin et cette place permettent de changer ces billets au pair.

Les Établissements français de l'Océanie n'ont pas de billets de banque à proprement parler ; néanmoins, un établissement de crédit local, la *Caisse agricole*, fondée en 1863, en vue d'aider au développement de l'agriculture, émet, sous la garantie de la colonie, des bons au porteur qui ont cours légal ; il y a six coupures différentes : bons de la Caisse agricole de 500 francs, 100 francs, 50 francs, 20 francs, 10 francs et 5 francs.

Enfin, pour restreindre l'exportation du numéraire et prévenir la crise qui en résulterait, divers actes ont autorisé l'émission aux colonies de bons de caisse représentés par des monnaies d'or, des pièces de cinq francs ou des monnaies divisionnaires d'argent nationales, mises spécialement en réserve à cet effet dans la caisse du Trésorier-payeur pour une somme égale aux émissions de papier. Les bons de caisse ont cours forcé dans la colonie pour tous paiements, et les banques coloniales sont autorisées à les comprendre dans leur encaisse. Il ne circule actuellement de bons de caisse qu'à la Martinique, à la Guadeloupe, à la Réunion et dans les Établissements français de l'Océanie.

4° Monnaies indigènes. — Monnaies dont l'emploi est limité aux transactions locales. Matières et objets servant aux échanges (troque).

En Indo-Chine seulement, il existe des monnaies indigènes à proprement parler.

Le Cambodge possède une piastre spéciale valant deux francs quarante centimes, ainsi que d'autres pièces d'argent qui repré-

sentent respectivement les valeurs suivantes : 4 francs, 2 francs,
1 franc et 0 fr. 50 ; viennent ensuite des pièces de bronze de
dix et de cinq centimes et, enfin, une monnaie en fer, le *duong*,
lingot renflé vers le milieu et aminci aux extrémités, fabriqué à
Compong-Soai, commun dans les provinces frontières de Laos. On
peut ajouter dans cette même catégorie la *barre d'argent* et ses subdivisions.

De même, en Annam, en dehors de la piastre et des ligatures
de sapèques, il convient de citer la *sapèque en argent* valant
une ligature deux tiens, — le *luong d'argent* : petit lingot valant douze
ligatures, — le *nen d'argent* : gros lingot qui représente cent-qua-
rante ligatures, enfin le *luong d'or*, valant trois cents ligatures et le
nen d'or qui équivaut à trois mille ligatures. Les commerçants
asiatiques se servent également dans leurs transactions d'une *barre*
conventionnelle en argent, valant environ quinze piastres et prove-
nant de la fusion de monnaies retirées de la circulation.

Le Tonkin a conservé une *sapèque en zinc* qui a également cours
dans quelques régions de l'Annam.

La *ligature* dont il est parlé ci-dessus se compose de sapèques en zinc ou en cuivre réunies par un lien qui passe dans
le trou réservé au centre de ces pièces. C'est l'unité monétaire
entre indigènes. Au Tonkin, et dans quelques régions de l'Annam,
la ligature *(quan)* se compose de six cents sapèques en zinc ; elle se
divise en *tiens* de dix sapèques chaque ; — en Annam, la ligature
est formée par la réunion de cent sapèques en cuivre et divisée en
dix *tiens* ; huit à dix ligatures représentent une piastre. La ligature
employée au Cambodge ne comprendrait que 450 à 500 sapèques, huit sapèques valant environ un centime de notre monnaie.

Il existe encore à la Martinique et à la Guyane des monnaies qui
ne sont employées que dans les transactions locales. A la Martinique,
ce sont des pièces de billon de dix et de cinq centimes à l'effigie de
Charles X et de Louis-Philippe, dont l'ordonnance du 30 août 1826
et la décision ministérielle du 6 novembre 1838 ont autorisé la
fabrication en France ; elles circulent à la Martinique concurremment avec les monnaies de bronze en usage dans la métropole, par
la raison qu'elles n'ont pas été retirées de la circulation, lors de la
promulgation dans la colonie, en 1857, de la loi du 6 mai 1852 sur

la démonétisation et la refonte des anciennes monnaies de cuivre : ces monnaies ont les poids, diamètre et épaisseur suivants :

Pièce de 10 centimes . 20 ^{gr} 30 ^{mm} 2 ^{mm} 1/2.
— 5 — 10 27 1 1/2.

Un arrêté local du 2 février 1820 a consacré l'existence à la Guyane d'un billon spécial qui porte le nom de *sou marqué* blanc et dont la fabrication avait été autorisée par une ordonnance du Roi en date du 4 novembre 1818 ; une ordonnance royale du 3 août 1845 a autorisé la fabrication d'un type de sou marqué, analogue au précédent. Les sous marqués sont pris pour 0 fr. 10. Leur valeur intrinsèque, étant donné leur poids et non leur composition, est faible ; dix mille francs en sous marqués, expédiés et vendus en France, ne produiraient pas plus de quatre mille francs. Néanmoins, ces pièces sont facilement acceptées et elles sont même, en général, préférées aux pièces de 0 fr. 10 et de 0 fr. 05 en usage dans la métropole.

A Mayotte, il est resté dans la circulation quelques anciennes roupies de la Compagnie des Indes.

Bien qu'elles ne servent pas aux transactions courantes, on doit noter que l'on peut encore se procurer sur le territoire de Yanaon (Inde française) quelques anciennes monnaies d'or de 21 1/5, de 5 1/2 et de 13 3/4 roupies désignées sous les noms de *mohur*, de *pagode* et de *souverain*. Ces pièces deviennent de plus en plus rares et les Indiens les achètent avec prime pour les convertir en bijoux.

A Madagascar, la pièce de cinq francs en argent est la seule espèce monnayée ayant cours. Comme monnaie divisionnaire, on emploie des morceaux de la même pièce dont la valeur varie avec le poids. Ces subdivisions sont les suivantes :

Le *loso* .... 1/2 pièce, soit en francs 2 fr. 50 environ.
— *kirobo* .... 1/4 — 1 25
— *sikaji* .... 1/8 — » 62 1/2
— *voamena* ...... 1/24 — » 20 5/6
— *havoamena* .... 1/48 — » 10 5/12
— *varirayventy* ... 1/720 — » 006 2/3

Mais, l'emploi de numéraire ne peut se concevoir dans certaines régions, dans les pays de l'intérieur de l'Afrique notamment, quand il s'agit de commercer avec des individus non civilisés ou d'effectuer des achats et des ventes entre indigènes. On y supplée en procédant au moyen d'échanges de marchandises : c'est ce qui constitue la troque. Les marchandises apportées par les Européens sont très variées. Ce sont, par exemple : des tissus, des spiritueux, des armes, du tabac, etc., etc.; une marchandise d'échange, très usitée en Afrique sur les deux rives du Sénégal, est la *guinée*, pièce de tissu de coton teintée en pur indigo, d'une longueur de quinze mètres et pesant 1 k. 750 ou 2 kilos. La guinée-type est fabriquée et teinte dans les établissements français de l'Inde ; elle est préférée par les Maures, à cause de l'odeur particulière qu'elle dégage. Il existe également des guinées tissées à Rouen ; l'Angleterre et la Belgique ont de leur côté, fabriqué des guinées pour l'exportation. La valeur de la guinée varie de 12 à 16 francs.

Néanmoins, à côté des marchandises de traite, les usages ont consacré l'emploi de certaines valeurs conventionnelles énumérées ci-après.

Au Soudan et au Bénin, les opérations commerciales avec les indigènes se règlent au moyen de *cauris*, coquillages ovales de deux centimètres de long sur un centimètre et demi de large et un centimètre d'épaisseur. Le cours des cauris varie selon les années : d'après les renseignements recueillis au Soudan, notre pièce de cinq francs serait échangée contre 5.000 cauris. La valeur de ces coquillages n'est d'ailleurs pas la même suivant les contrées ; il faut, dans certains pays, 1.700 à 2.000 ou 2.500 cauris pour faire une piastre-cauri, valant approximativement 0 fr. 80 à 1 fr. 25. D'après les indications fournies par le Résident de France à Porto-Novo, en juillet 1891, la piastre-cauri se compose, sur ce territoire, de 2.000 coquillages et se subdivise en 10 gallines de 200 cauris chacune ; la valeur de la piastre-cauri était, à l'époque précitée, de 0 fr. 50.

Sur le territoire de Yanaon (Inde française), les indigènes emploient également des cauris comme subdivision de la cache ; on en donne de 28 à 32 pour une cache.

Enfin, quelques tribus de la Nouvelle-Calédonie ont aussi l'habitude de se servir de coquillages pour les paiements à faire entre canaques.

A Assinie et à Grand-Bassam, les indigènes emploient peu les espèces monnayées ; ils leur préfèrent la poudre d'or, qui est sans alliage. Les indigènes et les commerçants de Grand-Bassam et de la région ouest règlent leurs échanges avec des *manilles*, pièces métalliques recourbées, de fabrication française ou anglaise, et dont la composition serait la suivante, d'après les renseignements que M. A. Verdier, armateur à La Rochelle (qui a des comptoirs dans la région qui nous occupe) a fourni à M. Zay, membre de la Société française de numismatique, auteur de l'*Histoire monétaire des Colonies françaises* :

	Cuivre............	66,48
	Plomb	26,97
Composition de la manille..	Étain	2,04
	Antimoine	4,36
	Fer...............	0,15

La *manille* pèse de 140 à 150 grammes ; son cours est de 0 fr. 20 à Grand-Bassam (Côte-d'Ivoire) et de 0 fr. 25 à Jacqueville. L'emploi de la *manille* dans les transactions est inconnu à Assinie.

Au Congo français, en dehors des monnaies proprement dites, les indigènes se servent soit de matières de fer ou de cuivre, pour la plupart appropriées aux usages du pays, soit d'unités conventionnelles. C'est ainsi que les Pahouins ont adopté le *biki*, sorte de tige de fer dont une extrémité se termine en anneau, ce qui permet d'y passer un fil et de la porter suspendue au cou. Dans la région du Niari, le petit lingot de cuivre rouge et les clous de fer sont la monnaie d'échange courante : sur le Congo, on emploie les barrettes de laiton ; dans le haut Oubanghui, des houes de fer, et dans la région de Manyanga, le collier de perles matar (sorte de perle en verre d'un bleu transparent) ; à Loango, enfin, l'unité de monnaie conventionnelle adoptée est la *cortade*, valeur représentative qui s'applique aux marchandises de toute nature (cortade de poudre, de fusils, d'étoffe, etc., etc.).

Dans leurs relations avec les pays voisins, les indigènes d'Obock, se conformant aux usages suivis en Abyssinie, emploient, comme monnaie divisionnaire du talari, de petits blocs de sel formant barre (1) : (dans le pays des Gallas, c'est même le seul mode de paiement usité).

Les maisons, qui ont des comptoirs sur la côte occidentale d'Afrique, règlent également une partie de leurs opérations avec les indigènes, au moyen de petites barres de sel préparées d'après un procédé spécial.

---

(1) Sel aggloméré en pain ressemblant à une barre de savon étroite, amincie aux deux bouts et renflée au milieu, désigné sous le nom d'*amoullé*. L'amoullé pèse de 3 k. 24 à 4 k. 05. Il faut, en temps ordinaire, douze amoullés pour faire la valeur d'un talari.

TABLEAUX

DES

MONNAIES AYANT COURS EN FRANCE

1° Monnaies nationales :

NATURE et VALEUR	POIDS LÉGAL (poids droit).	TITRE ou COMPOSITION	NOTES ET OBSERVATIONS
fr. c.	gram.		
Or.			
100 »	32,25 806		
50 »	16,12 903		Sans distinction de millésime.
. 40 »	»		
20 »	6,45 161	900	
10 »	3,22 580		Aux millésimes de 1850, 1851, 1852 et aux millésimes de 1856 et années suivantes.
5 »	1,61 290		Aux millésimes de 1856 et années suiv.
Argent.			
5 »	25,000	900	Sans distinction de millésime.
2 »	10,000		Aux millésimes de 1866 et années suiv.
1 »	5,000	835	
» 50	2,500		— 1864 —
» 20	1,000		
Bronze.			
» 10	10,000	Cuivre. 95	
» 05	5,000	Etain.. 4	Les pièces frappées à partir de 1852 inclusivement.
» 02	2,000	Zinc... 1	
» 01	1,000	100	

Billets de la Banque de France. — La Banque de France émet des billets payables à présentation au porteur. Il y a en circulation quatre coupures qui sont les suivantes :

Billet de..............................	1.000 fr.
—	500
—	100
—	50

2° *Monnaies étrangères admises dans la circulation en France.*

(Monnaies à l'effigie des États signataires de la convention du 6 novembre 1885, ou ayant adhéré à cette convention.)

MÉTAL	PROVENANCE ET DÉNOMINATION des monnaies.	POIDS LÉGAL	TITRE LÉGAL	NOTES ET OBSERVATIONS
	Belgique.	grammes.		
Or.....	20 fr. »	6,452	900	
	10 »	3,226		
	5 »	25,000	900	Sans distinction de millésime.
Argent..	2 »	10,000		Aux millésimes de 1866 et années suivantes.
	1 »	5,000	835	
	» 50	2,500		
	Italie.			
	100 lire	32,258		
	50	16,129		
Or.....	20	6,452	900	
	10	3,226		
	5	1,613		
Or.....	20			Pièce de l'ancien roy. de Sardaig.
Or.....	40			Pièces de l'ancien roy. d'Italie.
	20			
	5	25,000	900	Sans distinction de millésime.
	2	10,000		Aux millésimes de 1863 et années suivantes, y compris les pièces des anciens royaumes de Sardaigne et d'Italie.
Argent..	1 lira	5,000	835	
	50 centesimi	2,500		
	20 —	1,000		
	Suisse.			
Or.....	20 fr. »	6,452	900	
	5 »	25,000	900	Sans distinction de millésime.
Argent..	2 »	10,000		Aux millésimes de 1866 et années suivantes.
	1 »	5,000	835	
	» 50	2,500		
	Grèce.			
	100 drachmes	32,258		
	50	16,129		
Or.....	20	6,452	900	
	10	3,226		
	5	1,613		
	5	25,000	900	Sans distinction de millésime.
	2	10,000		
Argent..	1 drahme, 100 lepta	5,000	835	Aux millésimes de 1868 et années suivantes.
	50 lepta	2,500		
	20	1,000		
	Monaco.			
Or.....	100 fr. »	32,258	900	
	20 »	6,452		
	Autriche-Hongrie.			
Or.....	8 florins	6,452	900	20 francs.
	4	3,226		10 —
	Russie.			
Or.....	10 roubles.	12,903	900	Appelée « impériale » = 40 fr.
	5	6,452		— « demi-impér. » = 20 fr.
	Espagne.			
Or.....	20 pesetas.		900	20 francs.
	10			10 —

Force libératoire des monnaies.

Les pièces nationales d'or et d'argent sont admises dans les caisses publiques, sans limitation de quantité ; les pièces de bronze, pour l'appoint de 5 francs seulement.

Les pièces d'or et les pièces d'argent de 5 francs des pays faisant partie de l'Union monétaire sont admises par les caisses publiques sans limitation de quantité ; les pièces divisionnaires d'argent des mêmes pays, jusqu'à concurrence de 100 francs dans chaque paiement.

Aux termes des articles 1 et 2 du décret du 11 mai 1807 et de l'article 1er § 2 de la loi du 22 juin 1846, l'introduction et la circulation en France des monnaies étrangères de cuivre et de billon sont prohibées.

En vertu de l'article 5 de la convention monétaire du 6 novembre 1885, les pièces de 2 francs, 1 franc, 0 fr. 50 et 0 fr. 20 des États faisant partie de l'Union ont cours légal entre particuliers et l'État qui les a émises, jusqu'à concurrence de 50 francs pour chaque paiement.

TABLEAUX, PAR COLONIE,

DES

MONNAIES EN CIRCULATION DANS LES POSSESSIONS FRANÇAISES

MARTINIQUE

Monnaies nationales. — Les monnaies françaises d'or, d'argent et de bronze sont les seules qui ont cours forcé.

Il existe, en outre, dans la circulation des pièces de billon de dix et de cinq centimes à l'effigie de Charles X et de Louis-Philippe; ces monnaies ont les poids, diamètre et épaisseur suivants :

Pièce de 10 centimes...	20 gr	30 mm	2 mm 1/2
— 5 — ...	10	27	1 1/2

Monnaies étrangères. — Monnaies à l'effigie des États signataires de la Convention du 6 novembre 1885 et de l'acte additionnel du 12 décembre 1885 ou y ayant adhéré.

Monnaies fiduciaires. — Billets de la Banque de la Martinique. Coupures de 500 francs, 100 francs, 25 francs et 5 francs ayant cours légal.

Bons de caisse de 10 francs et de 5 francs ayant cours forcé.

GUADELOUPE ET DÉPENDANCES

Monnaies nationales. — Les monnaies en circulation à la Guadeloupe (Guadeloupe et Grande-Terre), à Marie-Galante, aux Saintes et à la Désirade sont les mêmes qu'en France.

Monnaies étrangères. — Il en est de même en ce qui concerne les monnaies étrangères. On trouve, cependant, à la Guadeloupe les pièces étrangères ci-après qui sont reçues dans les transactions commerciales :

Doublon espagnol d'une valeur de........... 81 fr.
— mexicain — .... 75 à 78
Doublon américain (20 dollars) d'une valeur de 103 à 105
Ainsi que la livre sterling anglaise de........ 25

Monnaies fiduciaires. — Billets de la Banque de la Guadeloupe, par coupures de 500 francs, 100 francs, 25 francs et 5 francs ayant cours légal.

Bons de caisse de 10 francs, 5 francs, 2 francs et 1 franc, ayant cours forcé.

NOTA. — Pour les dépendances de Saint-Barthélemy et de Saint-Martin, les deux tableaux suivants contiennent les renseignements parvenus jusqu'ici à l'Administration centrale des colonies.

Monnaies en circulation à Saint-Barthélemy (Guadeloupe) :

PROVENANCE ET NATURE des monnaies.	DÉSIGNATION de chaque pièce	POIDS grammes.	VALEUR en MONNAIE française. fr. c.	EMPLOI	NOTES et OBSERVATIONS
	MONNAIES NATIONALES				Les monnaies d'or sont très rares, celles d'argent peu répandues ; le billon seul est très abondant.
	MONNAIES ÉTRANGÈRES				
États-Unis d'Amérique Or...........	20 dollars	33,000	108 »		
	10 —	16,500	54 »		
	5 —	8,250	27 »	Rare	Quoique n'ayant pas cours légal, ces monnaies sont reçues entre particuliers.
	2 1/2 dol.	4,125	13 50		
Grande-Bretagne. Or...........	20 shillings	8,000	26 »	Tr. rare	
	10 —	4,000	13 »		
	2	11,000	2 60		
Argent...........	1 shilling	5,500	1 30	As. rare	
	1/2 —	2,750	» 65		
	MONNAIES FIDUCIAIRES				
Billets de la Banque de la Guadeloupe.	»	»	500 »	Assez répandu	Ont cours légal.
	»	»	100 »		
	»	»	25 »		
	»	»	5 »		
Billets de la Colonial Bank.	5 dollars	»	27 »	Rare	Même observation que pour les monnaies étrangères.

Monnaies en circulation à Saint-Martin (Guadeloupe) :

PROVENANCE ET NATURE des monnaies.	DÉSIGNATION de chaque pièce	POIDS	VALEUR en MONNAIE française à St-Martin	EMPLOI	NOTES et OBSERVATIONS
		grammes.	fr. c.		
MONNAIES NATIONALES				courant	A l'exception des pièces d'or.
MONNAIES ÉTRANGÈRES					
États faisant partie de l'Union monét.	»	»	»	id.	id.
Espagne. Or	Doublon	»	86 40		
	1/2 doubl.	»	43 20	peu	
	1/4 —	»	21 60	répandu	
	25 pesetas	8,065	27 »		
	Gourde	»	5 40	assez	
Argent	1/2 gourde	»	2 70	répandu	
	1/4 —	»	1 35		
	1/8 —	»	1 08	t. répandu	
États-Unis d'Amérique.	20 dollars	33,436	108 »		
Or	10 —	16,718	54 »		
	5 —	8,359	27 »		
	1 dollar	1,672	5 40	peu	
	1 —	26,729	5 40	répandu	
	1/2 dollar.	12,500	2 70		
Argent	1/4 —	6,250	1 35		
Grande-Bretagne.	1 dime	»	» 54	très	
	1/2 dime	»	» 27	répandu	
Or	1 souverain	7,988	27 »	as. rép.	Ces monnaies simplement admises entre particuliers n'ont ni cours légal, ni force libératoire déterminée.
	1/2 —	3,994	13 50	peu	
	Couronne	28,275	6 73	répandu	
	1/2 cour.	14,138	3 37 1/2		
	Florin	11,310	2 70	assez	
Argent	1 shilling	5,655	1 35	répandu	
	1/2 shilling	2,828	» 67 1/2		
	1/3 —	1,885	» 45	très	
	1/4 —	1,414	» 33 3/4	répandu	
Bronze	2 pences	»	» 10	assez	
Danemarck.	1 penny	»	» 05	répandu	
Argent	20 cents	»	1 08		
	10 —	»	» 54	très	
	5 —	»	» 216	répandu	
Pays-Bas.	1 florin	10,000	2 16	peu	
Argent	1/2 florin	5,000	1 08	répandu	
	25 cents	3,575	» 54	assez	
	10 —	1,400	» 216	répandu	
Mexique.	1 peso (go.)	27,073	4 32		La valeur des monnaies mexicaines suit les variations du métal argent.
Argent	50 centavos	13.536	2 16		
	25 —	6,768	1 08		
MONNAIES FIDUCIAIRES					
Billets de la Banque de la Guadeloupe.	»	»	500 »	rare	Ont seuls cours légal.
	»	»	100 »	très	N'ont pas cours légal, mais sont acceptés entre particuliers.
	»	»	25 »	répandu	
	»	»	5 »		
Billets de la Colonial Bank	5 dollars	»	27 »	assez répandu	
Billets des Banques danoises.	10 dollars	»	54 »		Prime de 4 o/o sur ces billets.
	5 —	»	27 »	peu	
	2 —	»	10 80	répandu	
	1 dollar	»	5 40		

Réunion

Monnaies nationales (1). — Les monnaies d'or sont rares, celles d'argent peu répandues. La circulation des monnaies de billon (à l'exception toutefois des pièces de 0 fr. 02 et 0 fr. 01) est très active.

Monnaies étrangères. — Rares.

Monnaies fiduciaires. — Billets de la Banque de la Réunion, par coupures de 500 francs, 100 francs, 25 francs, et 5 francs.
Bons de caisse de 2 francs, 1 franc et 0 fr. 50.

Saint-Pierre-et-Miquelon

Monnaies nationales. — Les monnaies nationales ont cours à Saint-Pierre et Miquelon ; mais, dans la plupart des cas, on leur préfère les monnaies étrangères qui, en raison des relations commerciales très suivies existant entre la colonie et les pays voisins, se trouvent en abondance à Saint-Pierre. Les pièces françaises de 0 fr. 10 et 0 fr. 05 sont cependant d'un usage courant.

Monnaies étrangères. — Cette situation a même amené l'Administration à autoriser le Trésorier-payeur à recevoir certaines de ces monnaies dans son encaisse, sans toutefois leur maintenir le cours surhaussé que leur attribuent souvent les particuliers. Cependant, les monnaies étrangères ne doivent être reçues par le Trésor que pour le paiement des créances de l'État ou du Service local, telles que contributions, patentes, licences, etc.
Les deux tableaux ci-après résument la question. Le premier mentionne les monnaies officiellement admises dans la circulation et indique, d'une part, le cours que leur attribuent les usages de la place de Saint-Pierre et, d'autre part, la valeur pour laquelle elles sont reçues ou données par le Trésor. Le second mentionne les autres monnaies étrangères en circulation.

---

(1) Les pièces d'argent nationales de 2 francs, 1 franc et 0 fr. 50 ont cours légal entre particuliers et dans les paiements effectués par les caisses publiques, sans limitation de quantité.

Monnaies étrangères admises au Trésor à Saint-Pierre et Miquelon :

PROVENANCE ET NATURE des monnaies.	DÉSIGNATION de chaque pièce	POIDS	TITRE	VALEUR pour laquelle ces pièces sont reçues. dans le commerce.	au Trésor.	NOTES et OBSERVATIONS
		grammes.		fr. c.	fr. c.	
États faisant partie de l'Union monétaire ou y ayant adhéré.	»	»	»	»	»	
Mexique. Or..........	Doublon	27,000	875	84 »	84 »	La valeur réelle des doublons mexicains et colombiens est de 82 francs.
	1/2 doubl.	13,500		42 »	42 »	
	1/4 —	6,750		21 »	21 »	
Espagne. Or..........	Doublon	26,980	867,781	84 »	84 »	Les doublons espagnols ne valent que 81 fr. 58. L'emploi du doublon est très répandu.
	1/2 doubl.	13,490		42 »	42 »	
	1/4 —	6,740		21 »	21 »	
	1/8 —	3,370		10 50	10 50	
Colombie. Or..........	Doublon	27,060	872,917	84 »	84 »	
Nouvelle-Grenade. Or..........	Doublon	27,060	868 917	84 »	84 »	
États-Unis d'Amérique. Or..........	Doub. aigle	33,437	900	108 »	108 »	Valeur réelle: 103 fr. 65.
	Aigle	16,718		54 »	54 »	
	5 dollars	8,359		27 »	27 »	
	2 1/2 doll.	4,180		13 50	13 50	
Argent.......	Dollar	26,729	900	5 40	5 20	Valeur réelle: 5 fr. 34.
	1/2 dollar	13,718		2 70	2 60	Les sous-divisions du dollar ne peuvent être employées pour plus d'un dixième dans chaque recette ou payement.
	1/4 —	6,682		1 35	1 30	
Grande-Bretagne. Or..........	Livre sterl.	7,988	916 2/3	26 »	26 »	Valeur réelle: 25 fr. 22.
	1/2 l. sterl.	3,994		13 »	13 »	Valeur réelle: 12 fr. 61.

Monnaies étrangères d'argent en circulation à Saint-Pierre et Miquelon, mais non admises dans les caisses publiques :

PROVENANCE	DÉSIGNATION DES PIÈCES	VALEUR pour LAQUELLE CES MONNAIES sont reçues.
États-Unis d'Amérique...........	Trade dollar	5 fr . »
Mexique......................	Piastre	4 »
Espagne......................	id.	4 »
	5 pesetas	4 »
Pérou.......................		
Chili		
Bolivie......................		
Salvador		
Guatemala......	Piastre	3 50
Uruguay		
Paraguay.....................		
Equateur.....................		
Colombie.....................		
Nicaragua		

Monnaies fiduciaires en circulation à Saint-Pierre et Miquelon.

PROVENANCE DES BILLETS	DÉSIGNATION	VALEUR EN MONNAIE française.	NOTES et OBSERVATIONS
Banque de France.......	Toutes coupures		Seuls reçus au Trésor
Banques des États-Unis d'Amérique et du Canada.	25 cents	1 fr. 35	Reçus entre particuliers seulement.
	50 —	2 70	
	1 dollar	5 40	
	2 dollars	10 80	
	3 —	16 20	
	4 —	21 60	
	5 —	27 »	
	10 —	54 »	
	20 —	108 »	
	40 —	216 »	
	100 —	540 »	
Banque de Terre-Neuve...	4 —	10 80	
	2 —	21 60	
	1 liv. currency	21 60	
	5 dollars	27 »	
	10 —	54 »	
	20 —	108 »	
	5 liv. currency	108 »	
Banque de Saint-Pierre-et-Miquelon.	»	54 »	
	»	27 »	

Guyane

Monnnaies nationales. — Les pièces d'or sont très rares; celles d'argent sont d'un emploi courant. Les pièces de bronze sont d'un usage peu répandu.

Monnaies étrangères. — Même régime que la métropole; mais les monnaies d'argent seules se trouvent dans la circulation.

Monnaies fiduciaires. — Billets de la Banque de la Guyane, par coupures de 5oo francs, 1oo francs et 25 francs, ayant cours légal.

Monnaie spéciale. — Le billon métropolitain est remplacé à la Guyane par le *sou marqué* dont l'existence et le cours forcé ont été consacrés par l'ordonnance du 2 février 1820 qui a rendu applicable à la Guyane la computation monétaire de la Métropole. Le *sou* marqué vaut o fr 10; il est donné et reçu couramment pour cette valeur : on le préfère aux pièces de bronze de o fr. 10 et o fr. o5 ; aussi son emploi est-il répandu.

Sénégal

Monnaies nationales et monnaies étrangères. — Les monnaies métalliques qui circulent au Sénégal sont les mêmes qu'en France.

Monnaies fiduciaires. — Billets de la Banque de France; circulent en petit nombre.

Billets de la Banque du Sénégal, par coupures de 5oo francs, 1oo francs et 25 francs.

Monnaies indigènes, etc.; troque. — Dans les relations avec les indigènes de l'intérieur, les paiements s'effectuent en marchandises de traite: guinées, étoffes diverses, fusils, tabac, bimbeloteries, fer en barres, eaux-de-vie, etc. (1).

---

(1) Par un arrêté du 27 novembre 1893, le Gouverneur du Sénégal a autorisé le paiement en *guinée* de l'impôt personnel dans le cercle de Matam et dans le cercle de Podor pour le Lao et le Bosséa. La guinée sera reçue dans les magasins de l'Administration aux prix suivants :

	MATAM	PODOR
Guinée dite Belge (Française et Hollandaise)......	7 fr. 50	7 fr. »
— — Filature X	7 »	6 50
Imitations Filature (Sion, Bombay), etc.	5 50	5 50

Soudan

Monnaies nationales.— Les pièces d'argent françaises de 5 francs, 2 francs, 1 franc et o fr. 5o circulent au Soudan, ainsi que les pièces de bronze de o fr. o5 et de o fr. o1 ; ces dernières sont surtout employées dans les opérations de paiement ou de recette effectuées avec les indigènes.

Monnaies indigènes, etc. — Dans les postes voisins du Niger, les indigènes se servent d'une monnaie conventionnelle, le *cauri,* petit coquillage dont il est fait usage pour le même objet dans diverses régions de la côte occidentale d'Afrique. La pièce de cinq francs en argent est échangée contre cinq mille *cauris* au Soudan. Mais, par suite de la mise en circulation d'un grand nombre de pièces de bronze d'un centime, cette monnaie conventionnelle est appelée à disparaître.

La guinée et les marchandises de traite servent également à opérer des règlements avec les indigènes.

Guinée française

Monnaies françaises. — L'usage de la pièce de cinq francs en argent est très répandu, ainsi que celui de la pièce d'un franc. L'emploi des pièces de 20 francs et 10 francs est limité; on ne trouve guère de pièces d'or d'une valeur supérieure. Les pièces de o fr. 5o, de o fr. 10 et de o fr. o5 circulent d'une façon courante.

Monnaies étrangères. — Seules, la livre sterling et la demi-livre sterling sont acceptées, à titre de tolérance, dans les caisses publiques; leur valeur respective à Conakry est de 25 fr. 25 et de 12 fr. 62. Mais on trouve, en outre, dans le commerce, des shillings et autres pièces divisionnaires anglaises dont l'emploi est assez répandu.

Monnaies fiduciaires. — Quelques billets de la Banque de France se trouvent, soit au Trésor, soit entre les mains des Européens qui les recherchent.

Côte d'Ivoire

Monnaies nationales et monnaies étrangères. — Les monnaies ayant cours légal ou admises dans la circulation en France sont peu répandues, à l'exception des pièces d'argent de 5 francs et de o fr.5o, qui sont d'un emploi courant, même avec les indigènes.

La livre sterling (25 francs) et la demi-livre sterling (12 fr. 5o) sont admises, à titre de tolérance, dans les caisses publiques ; néanmoins l'usage en est peu répandu. Les indigènes préfèrent à toutes autres monnaies les pièces divisionnaires anglaises (shilling, etc.).

Monnaies fiduciaires. — Quelques billets de la Banque de France se trouvent soit au Trésor, soit entre les mains des Européens qui les recherchent.

Monnaies indigènes, etc.; troque. — Les indigènes se servent couramment, dans leurs échanges, de la poudre d'or : l'unité de poids adoptée par eux est le *mitkal*, qui vaut à peu près quatre grammes. Dans certaines régions, on emploie aussi les *cauris*, (dont il a été parlé précédemment), ou les marchandises de traite. Les indigènes et les commerçants de Grand-Bassam et de la région ouest règlent leurs échanges avec des *manilles* (1) : il est à remarquer que l'emploi de la manille dans les transactions est inconnu à Assinie.

Bénin

Monnaies nationales. — Les monnaies nationales (espèces métalliques et billets) ont cours au Bénin ; les monnaies d'or et les billets de la Banque de France sont recherchés par les Européens : les pièces d'argent de 5 francs, 2 francs, 1 franc et o fr. 5o sont reçues par les indigènes qui leur préfèrent cependant la monnaie de billon et surtout les centimes.

Monnaies étrangères. — Les monnaies métalliques circulant en France se retrouvent au Bénin, quoique peu abondantes. En outre, les monnaies anglaises ont cours dans la colonie, par la force de l'usage et sans qu'aucun acte en ait réglementé la circulation, tandis que la circulation à Grand-Popo et à Agoué des pièces allemandes résulte de la convention franco-allemande du 26 décembre 1889.

---

(1) Voir la première partie : Résumé de la situation des colonies françaises, etc., § 4 : *monnaies indigènes*, etc.

(2) Voir le résumé formant la première partie de cette note. § 4, *monnaies indigènes*.

Monnaies indigènes. — Les indigènes emploient, en déhors des monnaies susvisées, les *cauris* (2). Au Bénin, l'unité de monnaie est la *piastre-cauri* qui se compose de deux mille coquillages : elle se subdivise en dix *gallines* de 200 cauris chacune. La valeur de la piastre-cauri est variable ; elle était, en juillet 1891, de 0 fr. 50. La colonie est alimentée de cauris par les maisons de commerce qui font venir de Mozambique des voiliers entièrement chargés de ces coquillages. L'emploi des cauris, jadis presque exclusif, a beaucoup diminué depuis quelques années et finira par disparaître. Ils sont actuellement en partie remplacés dans les transactions par des pièces de 0 fr. 02 et 0 fr. 01.

CONGO FRANÇAIS

Monnaies nationales. — Les monnaies françaises circulent au Congo.

Monnaies étrangères. — Les monnaies étrangères admises dans la circulation en France ont également cours au Congo où l'on trouve, en outre, des livres sterlings, qui sont acceptées, à titre de tolérance, par les caisses publiques et des monnaies d'or et d'argent britanniques qui sont reçues entre particuliers (1).

Monnaies indigènes, etc. — Les indigènes se servent des monnaies ci-dessus désignées ; mais ils emploient surtout dans leurs transactions, soit des matières de fer et de cuivre pour la plupart appropriées aux usages du pays, soit des unités conventionnelles.

Les Pahouins ont adopté le *biki*, sorte de tige de fer dont une extrémité se termine en anneau, ce qui leur permet d'y passer un fil et de la porter suspendue au cou. Dans la région du Niari, le petit lingot de cuivre rouge et les clous de fer constituent la monnaie d'échange courante. Sur le Congo, on emploie de petites barres de laiton ; dans le haut Oubanghui, des houes de fer et, dans la région de Manyanga, le collier de perles matar (sorte de perle en verre d'un bleu transparent). Enfin, à Loango, l'unité d'échange conventionnelle adoptée est la *cortade*, valeur représentative qui s'appli-

---

(1) Le cours de la livre sterling avait été fixé à la somme de 25 fr. 50 (arrêté du 26 novembre 1887) : cette monnaie est actuellement donnée et reçue pour la somme de 26 fr. 25 (arrêté du 13 octobre 1893).

que aux marchandises de toute nature (cortade de poudre, de fusils, d'étoffes, etc.).

Dans les pays de l'intérieur, il ne circule aucune monnaie : le commerce se fait au moyen de la troque des marchandises. Les Européens importent, à cet effet, au Congo du sel, du tabac, des eaux-de-vie, des guinées et autres étoffes, des verroteries, etc., etc., qu'ils échangent contre des produits de la contrée.

ÉTABLISSEMENTS FRANÇAIS DE L'INDE

Les seules monnaies ayant cours dans les Établissements français de l'Inde sont la *roupie* et ses subdivisions.

La roupie est une pièce d'argent au titre de 0,916,66, qui pèse 11 gr. 664. Ses subdivisions comprennent les sept pièces suivantes :

Argent (au titre de 0,916,66).	demi-roupie, pesant	5^{gr}.832
	quart de roupie —	2	916
	huit. de roupie —	1	458
Bronze.	six pies ou caches —	12	960
	trois pies —	6	430
	une pie et demie —	3	215
	1 pie ou 1 cache —	2	610

La roupie se divise nominalement en huit *fanons* ou seize *annas*, la demi-roupie en quatre fanons ou huit annas. Le *fanon* se subdivise en vingt-quatre *caches* et l'anna en douze *païces* (nom d'anciennes monnaies). Le huitième de roupie (fanon) porte la mention de sa valeur : deux annas ; il en est de même pour les monnaies de bronze :

La pièce de six caches	porte la mention	1/2 anna.
— trois —	—	1/4 —
— une cache et demie —	....	1/2 pie.
— une cache	—	1/12 anna.

Il y a deux types de roupies : la roupie anglaise frappée dans les possessions indo-britanniques et la roupie portugaise frappée à Goa (1).

---

(1) Les monnaies en argent et en cuivre de l'Inde portugaise avaient été admises dans la colonie en 1891, en même temps qu'elles avaient été légalement introduites dans toute l'Inde anglaise.

Elles ont cessé d'avoir cours légal dans nos établissements depuis le 26 août 1893.

La valeur nominale de la roupie était jusqu'ici de 2 fr. 50 (dans les possessions anglaises, elle vient d'être fixée au taux invariable de 1 schilling 4 pences); mais cette monnaie subit, dans la pratique, les fluctuations du cours du métal argent. Le taux auquel la roupie est reçue dans les caisses publiques est fixé annuellement par un arrêté du Gouverneur, rendu en Conseil privé, sur la proposition du Trésorier-payeur, et d'après la moyenne des cours effectifs du change pendant les douze mois précédents : c'est le *taux légal* de la roupie. Mais, en ce qui concerne le paiement des valeurs émises par le service des postes, le taux légal de la roupie est déterminé au moins tous les trimestres et plus souvent, s'il y a lieu.

On trouve, par exception, à Yanaon d'anciennes monnaies d'or de 21 1/2, de 5 1/2 et de 13 3/4 roupies désignées sous les noms de *mohur ou pagode* ; mais elles ne servent pas aux transactions et deviennent de plus en plus rares.

Les monnaies d'or anglaises (*Souverain* ou *livre sterling*) et les monnaies d'or françaises ne sont pas utilisées pour régler les opérations commerciales : les Indiens les achètent avec prime pour les convertir en bijoux.

Monnaies fiduciaires. — Seuls, les billets émis par la succursale de la Banque de l'Indo-Chine à Pondichéry ont régulièrement cours ; il n'y a que deux coupures : celle de cinquante et celle de dix roupies.

Les billets des banques des Présidences anglaises sont acceptés dans le public avec une légère perte.

Monnaies indigènes, etc. — Sur le territoire de Yanaon, les Indiens se servent encore entre eux, comme subdivisions de la cache, de *cauris* (1); vingt-huit à trente-deux cauris représentent une cache.

MAYOTTE

Monnaies nationales. — Depuis 1884, Mayotte est régie par les lois, décrets et ordonnances relatifs au régime monétaire de la métropole; mais les pièces d'argent françaises de 2 francs, 1 franc et 0 fr. 50 ont cours légal entre particuliers et dans les paiements effectués par les caisses publiques sans limitation de quantité.

---

(1) Voir la première partie : Résumé, etc.

On ne trouve en circulation que des monnaies françaises; les espèces d'or sont excessivement rares.

Monnaies indigènes, etc. — Les Indiens se servent encore, entre eux de roupies de la Compagnie des Indes, auxquelles ils attribuent un cours qui oscille entre 1 fr. 85 et 2 francs.

Diégo-Suarez et dépendances

Diégo-Suarez.

On ne trouve à Diégo-Suarez que des monnaies françaises.

Nossi-Bé.

Monnaies nationales. — La situation de Nossi-Bé est identique à celle de Mayotte, en ce qui concerne les monnaies françaises.

Monnaies étrangères. — Quelques roupies de l'Inde se trouvent dans la colonie; mais ces pièces ne sont pas d'un emploi courant, elles tendent, au contraire, à disparaître de la circulation.

Madagascar (Protectorat)

La pièce de cinq francs en argent est la seule monnaie ayant cours dans les transactions avec les indigènes.

Comme monnaie divisionnaire, on emploie des morceaux de la même pièce, dont la valeur varie avec le poids; ce sont:

Le *loso*..........	1/2	pièce, valant environ	2 fr. 50
Le *kirobo*	1/4	—	1 25
Le *sikaji*	1/8	—	» 62 1/2
Le *voamena*......	1/24	—	» 20 5/6
L'*havoamena*	1/48	—	» 10 5/12
Le *varyrayventy*...	1/720	—	» 006 2/3

Les paiements aux Indiens établis dans le pays s'effectuent aussi en roupies.

Enfin, dans certaines régions, le système de la troque des marchandises est encore usité.

Nouvelle-Calédonie

Monnaies nationales. — Toutes les monnaies métalliques françaises, à l'exception des pièces de o fr. o2 et o fr. o1, ont cours en Nouvelle-Calédonie. Les monnaies d'or sont rares ; mais la pièce de cinq francs d'argent est très répandue. Ces monnaies, notamment les pièces de o fr. 5o, sont couramment acceptées par les canaques.

Monnaies étrangères. — A l'exception de la livre sterling qui est acceptée au pair (25 francs) dans les transactions commerciales, aucune monnaie étrangère n'existe dans la circulation : l'emploi de la livre sterling est d'ailleurs très limité.

Monnaies fiduciaires. — La succursale de la Banque de l'Indo-Chine à Nouméa émet des billets de cent et de vingt francs qui ont cours légal.

Monnaies indigènes. — Dans quelques tribus, les canaques opèrent entre eux les paiements au moyen de divers coquillages : mais cet usage tend de plus en plus à disparaître.

Établissements français de l'Océanie

Monnaies nationales. — Les monnaies nationales ont cours légal dans les Établissements français de l'Océanie ; mais elles sont d'un usage fort restreint : les pièces d'or sont très rares, les espèces d'argent se trouvent moins difficilement, bien que les pièces de 2 francs, 1 franc et o fr. 5o aient cours légal entre les particuliers et dans les paiements effectués par les caisses publiques sans limitation de quantité, et le Trésor ne les donne que comme monnaie d'appoint : les personnes, qui les reçoivent, les réservent pour les versements qu'elles ont à faire obligatoirement en monnaie française, numéraire ou bons de caisse. Les pièces de bronze sont très peu répandues ; les usages du commerce local excluent, en effet, les subdivisions monétaires inférieures à o fr. 5o : aussi, le billon ne sert-il qu'exceptionnellement à régler des achats de marchandises.

Monnaies étrangères. — A une exception près, les monnaies étrangères d'Europe n'ont pas pénétré à Tahiti ; on trouve dans la circulation quelques rares pièces d'or de la Grande-Bretagne ou des États-Unis d'Amérique.

Les monnaies d'argent chiliennes et péruviennes sont, au contraire, très répandues ; ce sont, à peu d'exceptions près, les seules espèces métalliques employées par le commerce. Les pièces chiliennes viennent en première ligne, savoir :

Pièces d'argent chiliennes.		dont la valeur nominale en monnaie française est	
	Medio décimo.		» fr. 25
	Décimo.		» 50
	Vingt centavos.		1 »
	5o centavos.		2 50
	Peso ou piastre.		5 »

Viennent ensuite les monnaies péruviennes suivantes :

Pièces d'argent péruviennes.		dont la valeur nominale en monnaie française est	
	Demi-décimo.		» fr. 25
	Dinero.		» 50
	Peseta.		1 »
	Demi-sol.		2 50
	Sol ou piastre.		5 »

Le demi-sol péruvien n'est pris que pour 1 fr. 5o. Le cours réel de ces diverses monnaies suit les fluctuations du cours du métal argent ; c'est ainsi que la piastre ne vaut guère que 3 francs à 3 fr. 5o. Les piastres chiliennes et péruviennes sont, à titre de tolérance, acceptées par les caisses publiques pour le paiement des impôts : leur taux de conversion ne peut pas être supérieur à 3 fr. 6o (1).

Monnaies fiduciaires. — Les espèces métalliques étant rares, les valeurs fiduciaires (*bons de caisse* et *bons de la caisse agricole*) jouissent d'une grande faveur. Ces bons font prime sur le numéraire chilien ou péruvien : la prime est variable suivant les localités et les besoins, elle a atteint 25 p. 100 à Papeete.

On trouve dans la circulation les coupures suivantes :

Bons de caisse (émis par le Trésor)	5 fr. 10 20 50 100 500
Bons de la Caisse agricole de Tahiti	5 fr. 10 20 5o 100 500

---

(1) Les piastres chiliennes ou péruviennes ont cessé d'être acceptées par le Trésor depuis le 3 août 1893, pour le paiement des contributions directes du Service local.

Obock

Monnaies nationales. — A l'exception des pièces d'or, toutes les monnaies nationales ont cours à Obock : dans certains cas, elles sont recherchées par les indigènes. Elles ont force libératoire illimitée.

Monnaies étrangères. — Le *talari* ou thaler autrichien à l'effigie de Marie-Thérèse, au millésime de 1780, a cours légal à Obock et dépendances. C'est une pièce d'argent pesant 28 grammes, dont la frappe se continue à Vienne. Le talari circule sur toutes les côtes du golfe d'Aden, sur celles de la mer Rouge et même en Égypte : il est reçu en Abyssinie à l'exclusion de toute autre monnaie. Le taux du talari varie sur la côte de 3 fr. 5o à 4 fr. 8o. — On rencontre dans la colonie d'autres talaris qui n'ont pas de valeur légale, ce sont : — les talaris à l'effigie de « Franciscus I. D. G. Austriœ imperator », au millésime de 1822, acceptés par les Arabes de la côte et par les indigènes d'Obock, mais qui n'ont pas cours en Abyssinie, — les talaris italiens, à l'effigie du roi Humbert, particulièrement répandus dans les environs de Massaouah et d'Assab, mais qui n'ont pas cours en Abyssinie.

La *roupie* anglaise a également cours légal à Obock : de même que pour les talaris, elle est surtout répandue dans les Protectorats. D'un usage courant sur toute la côte du golfe d'Aden, la roupie n'a pas cours en Abyssinie. La roupie anglaise porte l'effigie soit de Guillaume IV, soit de la reine Victoria (1). Il existe également des roupies allemandes et des roupies portugaises qui sont seulement reçues entre particuliers : les premières (roupies et demi-roupies) sont à l'effigie de « Guillaumus Imperator » et au millésime de 1891. Ces pièces, assez rares d'ailleurs, sont généralement refusées par les indigènes : — les secondes, frappées à Goa, à l'effigie d'un des derniers rois de Portugal, sont encore plus rares.

De même que pour les monnaies nationales, les talaris et les roupies jouissant du cours légal ont une force libératoire illimitée.

---

(1) Voir, pour tous autres renseignements, le tableau : Monnaies en circulation dans les Établissements français de l'Inde.

Monnaies indigènes, etc. — Dans les relations avec l'Abyssinie, la monnaie divisionnaire du talari est représentée conventionnellement par de petits blocs de sel formant barres : c'est même le seul mode de paiement usité dans le pays des Gallas (2).

COCHINCHINE

PROVENANCE ET NATURE des monnaies.	DÉSIGNATION de chaque pièce.	POIDS	TITRE	EMPLOI	NOTES et OBSERVATIONS
		grammes			
Monnaies françaises.					
Argent......	Piast. do com.	27,215			La piastre a cours légal en Cochinchine. Sa valeur suit les fluctuations du cours du métal argent.
	5o cents	13,607			
	20 —	5,443	900	répandu	
	10 —	2,721			
Bronze......	1 cents	10, »	»		
	Sapèque	2, »	»		
Monnaies étrangères.					
Mexique. Argent......	Piastre (anc^ue)	26,940		rare	
	— (nouv.)	27,073	900	t. répandu	
États-Unis d'Amérique Argent......	Dollar	27,215		p. répandu	
Monnaies fiduciaires.					
Billets de la Banque de l'Indo-Chine (Succursale de Saïgon.)	100 piastres	»	»	répandu	Ces billets ont cours légal.
	50 —	»	»		
	5 —	»	»		
	1 piastre	»	»		
Monnaies indigènes.					
	Ligature de sapèques en zinc (de fabrication annamite.)	»	»	assez répandu entre annamites.	Six ligatures correspondent à la valeur d'une piastre.
	Ligature de sapèques en cuivre.				

(2) Ces blocs de sel aggloméré en pains ressemblant à une barre de savon étroite, amincie aux deux bouts et renflée au milieu, sont désignés sous le nom d'*amoullés*. L'amoullé pèse de 3 k. 24 à 4 k. 05. Il faut, en temps ordinaire, 12 amoullés pour faire la valeur d'un talari.

MONNAIES EN CIRCULATION AU CAMBODGE (PROTECTORAT)

PROVENANCE ET NATURE DES MONNAIES	DÉSIGNATION DE CHAQUE PIÈCE	POIDS	TITRE
		grammes.	
			MONNAIES
Argent	Piastre de commerce.........	27,215	
	5o cents.................	13,607	
	20 cents.................	5,443	900
	10 —	2,721	
Bronze	5 —	10	»
	Sapèque.................	2	»
Chine.			MONNAIES
Or	Barre...................	375	
	Demi-barre...............	187,500	900
Argent	Barre...................	382,500	
	Denh...................	»	»
	Chi....................	»	»
	Hun....................	»	»
	Li.....................	»	»
États-Unis d'Amérique.			
Argent	Trade dollar	27,215	900
Mexique.			
Argent	Piastre (libertad)........	27,073	900
Siam.	Tical (rond)..............	15	900
Argent	Tical(plat)..............	15	
	Pièce de 1 ligature........	3,750	835
	Pièce de 1/2 ligature......	1,875	
	Sang phai................	22,400	»
	Phai...................	11,200	»
Bronze	At....................	5,600	»
	Lot...................	2,800	»
			MONNAIES
Cambodge.	Piastre,................	15	
	Pièce de 4 francs	20	
Argent	— 2 —	10	900
	— 1 —	5	
	5o centimes.............	2,500	
Bronze	10 —	10	»
	5 —	5	»
	Sapèque.............	2,500	»
Zinc	Ligature................	»	»
	Tien	»	»
Fer	Duong (1)...............	150	»
			MONNAIES
Billets de la Banque de l'Indo-Chine (Succursale de Saïgon)	100 piastres.............. / 20 — .... / 5 — .... / 1 piastre..............	»	»

VALEUR MOYENNE EN MONNAIE		EMPLOI	NOTES ET OBSERVATIONS
FRANÇAISE	ANNAMITE		
fr. c.			
FRANÇAISES			
Valeur variant suivant le cours du métal argent.	Piastre.		
	1/2 piastre.		
	1/5 —	très répandu	
	1/10 —		
	1/100 —		
	1/500 —	rare	
ÉTRANGÈRES			
1.200 »	20 barres d'argent ou 3oo piastres	très rare	Fabriquées par le commerce chinois antérieurement à l'établissement du protectorat.
600 »	10 barres d'argent ou 15o —		
60 »	100 ligatures ou 15 piastres.	très répandu	Très recherchée par le com. chinois.
6 »	10 lig. ou 1/10 de barre d'arg.		
» 60	1 lig. ou 1/100 de barre d'arg.		
» 06	1 tien ou 1/1000 de barre d'arg.	id.	Subdivisions de la barre d'argent.
» 006	6 sapèques en zinc ou 1/10000 de barre d'argent.		
4 »	6 ligatures ou une piastre.	rare	Tend à disparaître de la circulation.
4 »	id.	très répandu	
2 40	4 ligatures ou 6/10 de piastre.		
2 40			
» 60	1/4 de tical.		
» 30	1/8 tical.	rare	N'ont cours que chez les chinois faisant du commerce avec le Laos et le Siam.
» 30			
» 15	1/4 ligature ou 1/16 de tical.		
» 075	1/8 — 1/3₂ —		
» 0375	1/15 — 1/64 —		
INDIGÈNES			
2 40	6/10 de piastre	rare	Frappées à l'avènement du roi actuel.
3 20	4/5 —	très rare	
1 60	2/5 —	id.	
» 80	1/5 —	rare	
» 40	1/10 —	id.	
» 08	1/5o —	commun.	(1) Unité monétaire ayant la forme d'un lingot renflé vers le milieu et aminci aux extrémités. Fabriqués à Compong-soai, les duongs servent d'unité commerciale divisionnaire du tical siamois et sont employés comme monnaies dans les provinces laotiennes de Khong, Stung, Trong, Sau-l'ang et chez les sauvages qui habitent les rives du Bla, du Se-thboc, du Se-Keman et du Se-Souc.
» 04	1/100 —	id.	
» 011	1/36oo —	très répandu	
» 60	1/6 —	id.	
» 06	1/6o —	id.	
» 20	1/3 de ligature	Commune dans les provinces frontières du Laos.	
FIDUCIAIRES			
»	» »	»	Ces billets ont cours légal et sont d'un usage courant.

Monnaies en circulation au Tonkin (Protectorat)

PROVENANCE et nature des monnaies.	DÉSIGNATION de chaque pièce.	POIDS (grammes.)	TITRE	EMPLOI	NOTES et observations
MONNAIES FRANÇAISES					
Argent.......	Piastre de com.	27,215			Les piastres françaises sont accaparées par les commerçants chinois.
	5o cents	13,607	900	assez rare	
	20 —	5,443			
	1o —	2,721			
	1 —	10			
MONNAIES ÉTRANGÈRES					
Mexique. Argent.......	Piastre (léy.)	26,940	900	restreint	
	— (libertad)	27,073		t. commun	
États-Unis d'Amérique. Argent.......	Trade dollar	27,215	900	restreint	
Chine. Argent.......	Piast. de Canton	26,960	»		
	5o cents	13,510	»		
	2o —	5,370	»	t. restreint	
	1o —	2,064	»		
	5 —	1,052	»		
Japon. Argent.......	Piastre	27,070	»	restreint	
	5o cents	»	»		
	20 —	5,360	»	rare	
	1o —	2,060	»		
Bronze.......	1 —	7,123	»		
Colonies anglaises, Strait settlement. Argent.......	5o cents	13,480	»		
	20 —	5,352	»		
	1o —	2,062	»	rare	
	5 —	1,051	»		
Bronze.......	1 —	8,012	»		
Hong-Kong Argent.......	20 —	5,297	»		
	1o —	2,060	»	restreint	
	5 —	1,052	»		
Bronze.......	1 —	7,143	»		
MONNAIES INDIGÈNES					
Zinc.......	Sapèque	2,500	»	commun	1) Composée de 600 sapèques en zinc, se divise en 60 tiens. Sept à huit ligatures équivalent à une piastre.
	Ligature (1)	»			
MONNAIES FIDUCIAIRES					
Billets de la Banq. de l'Indo-Chine (succursale d'Haï-phong).	100 piastres	»	»	»	Ces billets qui ont cours légal sont d'un usage courant, sauf cependant dans le haut Tonkin où l'annamite n'emploie que la piastre métallique.
	20 —				
	5 —				
	1 piastre				

On trouve aussi dans la circulation des billets de Banques étrangères *Hong-Kong and Shanghaï banking corporation, Chartered bank of China and India*, etc.; mais ces billets sont peu répandus, la proximité de Hong-Kong et les relations établies entre le Tonkin et cette place permettent cependant de les changer au pair.

Monnaies en circulation en Annam (Protectorat)

PROVENANCE et nature des monnaies.	DÉSIGNATION de chaque pièce.	POIDS	TITRE	EMPLOI	NOTES et OBSERVATIONS
		grammes			
MONNAIES FRANÇAISES					
Argent.......	Piast. de com.	27.215			L'unité monétaire est la piastre, pour laquelle le public aussi bien que le Trésor reçoivent indifféremment la piastre française, la piastre mexicaine ou japonaise ou le dollar américain.
	5o cents	13.607	900	répandu	
	20 —	5.443			
	20 —	2.721			
Bronze........	1 cents	10. »			
MONNAIES ÉTRANGÈRES					
Mexique Argent.......	Piastre	27.073	900	répandu	
Japon Argent.......	Piastre	27.070	»	répandu	
États-Unis d'Amérique Argent... ...	Trade dollar	27.215	900		
Colonie anglaise d'Hong-Kong Argent.......	20 cents	5.297	»		
	10 —	2.060	»		
	5 —	1.052	»		
Bronze.......	1 —	7.143	»		
MONNAIES INDIGÈNES					
Or...........	Nen (gros ling.)	valant 3.000 lig.			Ces monnaies qui ont une origine officielle sont peu utilisées dans le commerce : elles constituent à proprement parler des valeurs monétaires plutôt que des monnaies, et restent en général déposées au Trésor royal.
	Luong (pet. —)	— 300 —			
Argent.......	Nen	— 140 —		rare	
	Luong	— 12 —			
	Sapèque	une ligat. 2 tien			
Argent.......	Barre		»	répandu	Cette barre d'argent, employée fréquemment entre Asiatiques, constitue une monnaie conventionnelle ; elle est fabriquée avec des monnaies retirées de la circulation.
Ligature de sapèques en cuivre	»		»	id.	Le quau ou ligature constitue l'unité monétaire entre annamites. La ligature de sapèques en bronze comprend cent sapèques : elle se divise en dix parties égales appelées tien. Il faut 8 ou 10 ligature pour faire une piastre.
Ligature de sapèques en zinc.	»		»	restreint	La ligature de sapèques en zinc du Tonkin est reçue en paiement dans certaines régions seulement de province de la Thanh-hoa. Elle se divise en dix tiens de 60 sapèques.
MONNAIES FIDUCIAIRES					

Les billets de la Banque de l'Indo-Chine (Succursale de Saïgon) ont cours légal.

RÉGLEMENTATION

Actes qui régissent la circulation
des monnaies métalliques et des monnaies fiduciaires
dans la métropole.

Monnaies nationales. — L'unité monétaire reçoit le nom de *franc*. Loi relative aux poids et mesures du 18 germinal an III (7 avril 1795).

Loi du 28 thermidor an III (15 août 1795) relative à la fabrication de la monnaie d'argent et de la petite monnaie.

Loi du 7 germinal an XI (28 mars 1803) sur la fabrication et la vérification des monnaies.

Décret du 11 mai 1807.

Loi du 4 juillet 1837 relative aux poids et mesures.

Loi du 22 juin 1846.

Décret du 3 mai 1848 relatif à la fabrication des monnaies nationales.

Loi du 6 mai 1852 sur la refonte des monnaies de cuivre.

Décret du 12 janvier 1854 qui fixe le diamètre des pièces d'or de dix francs et prescrit la fabrication de pièces d'or de cinq francs.

Décret du 7 avril 1855 relatif au diamètre des pièces d'or de cinq et de dix francs.

Décret du 19 février 1859 qui retire de la circulation les pièces de cinq francs en or du diamètre de 14 millimètres.

Loi du 25 mars 1864 relative à la fabrication de nouvelles pièces d'argent de 0 fr. 50 et de 0 fr. 20.

Monnaies nationales et monnaies étrangères. — Loi du 29 décembre 1885 portant approbation de la convention monétaire du 6 novembre 1885 entre la France, la Grèce, l'Italie, la Suisse et la Belgique, et décret du 30 décembre 1885 prescrivant la promulgation de cet acte.

Monnaies étrangères. — Loi de finances du 13 mai 1863. La valeur des monnaies étrangères en monnaie française sera fixée annuellement par un décret (perception des droits de timbre).

Banque de France. — La loi du 9 juin 1857 a prorogé de trente ans le privilège accordé à la Banque de France par les lois du 24 germinal an XI (22 avril 1806) et 30 juin 1840.

Le privilège de la Banque de France prendra fin le 31 décembre 1897.

Actes qui régissent la circulation des monnaies métalliques et des monnaies fiduciaires dans les possessions françaises.

Martinique et Guadeloupe

Ordonnance du 30 août 1826 qui rend obligatoire dans les îles de la Martinique et de la Guadeloupe et dans les établissements qui dépendent de cette dernière colonie la computation monétaire en francs telle quelle est établie en France.

Décret du 23 avril 1855 portant démonétisation des monnaies étrangères à la Martinique et à la Guadeloupe.

Loi du 24 juin 1874 portant prorogation du privilège des banques coloniales (Lois des 30 avril 1849 et 11 juillet 1851 ; Décrets des 21 décembre 1853 et 1er février 1854).

Décret du 18 août 1884 autorisant la mise en circulation à la Martinique et à la Guadeloupe de bons de caisse et donnant cours forcé à ces valeurs.

Réunion

Décret du 2 avril 1879 portant promulgation à la Réunion des lois, décrets et ordonnances relatifs au régime monétaire de la métropole et abrogation de toutes dispositions contraires au dit décret.

Loi du 24 juin 1874 portant prorogation du privilège des banques coloniales.

Décret du 2 mai 1879 autorisant la mise en circulation à la Réunion de bons de caisse.

Décret du 31 juillet 1893 interdisant à la Réunion l'exportation des monnaies de billon.

Saint-Pierre et Miquelon

Arrêté du 7 juin 1824 mettant en vigueur à Saint-Pierre et Miquelon le système décimal des poids et mesures.

Arrêté du 17 juillet 1839 promulguant la loi du 4 juillet 1837 relative aux poids et mesures.

Arrêté du 16 juin 1873 autorisant le Trésorier-payeur à recevoir à sa caisse et à donner en paiement les monnaies d'or et d'argent qui ont cours dans la colonie depuis la reprise de possession (1816).

Arrêté du 4 décembre 1875, modifiant le précédent en ce qui concerne le dollar en argent et ses subdivisions.

Arrêté du 16 février 1889 qui assimile, au point de vue de leur admission au Trésor, les doublons mexicains et colombiens aux doublons espagnols.

Arrêté du 15 décembre 1892 abaissant le taux des monnaies d'or (doublons et leurs subdivisions) reçues dans les caisses publiques.

Guyane

Ordonnance coloniale du 2 février 1820.

Loi du 24 juin 1874 portant prorogation du privilège des banques coloniales.

Sénégal

Arrêté du 15 juin 1826 portant règlement sur les poids et mesures (article 9): « Les énonciations en monnaie légale ou argent de France sont seules admises. »

Loi du 24 juin 1874 portant prorogation du privilège des banques coloniales.

Guinée française

Arrêté du 1ᵉʳ janvier 1890.

Cote d'Ivoire

Arrêté du 10 avril 1891.

Bénin

Arrêté du 10 avril 1891.

Congo

Arrêtés du 28 novembre 1887 et du 13 octobre 1893 déterminant le taux du change de la livre sterling dans les opérations du Trésor.

Mayotte

Décret du 27 août 1883 rendant applicables à Mayotte et à Nossi-Bé les lois, décrets et ordonnances relatifs au régime monétaire.

Nossi-Bé

Décret du 27 août 1893 rendant applicables à Nossi-Bé et à Mayotte les lois, décrets et ordonnances relatifs au régime monétaire.

Établissements français dans l'Inde

Arrêtés des 21 avril 1846, 9 août 1847, 12 novembre 1853 et 7 juin 1873 relatifs au régime monétaire.

Décrets des 21 janvier 1875 et 20 février 1888 relatifs au fonctionnement de la Banque de l'Indo-Chine.

Décret du 13 septembre 1884 fixant le mode de détermination du taux de la roupie dans l'Inde.

Décret du 22 septembre 1890 modifiant le précédent en ce qui concerne la fixation du taux officiel de la roupie pour le paiement des mandats d'articles d'argent.

Arrêté du 26 août 1893 retirant le cours légal aux pièces portugaises.

Nouvelle-Calédonie

Arrêté du 23 décembre 1865.

Décrets des 21 janvier 1875 et 20 février 1888 relatifs au fonctionnement de la Banque de l'Indo-Chine.

Établissements français de l'Océanie

Décrets du 9 mars 1880 autorisant la mise en circulation dans les Établissements français de l'Océanie de bons de caisse.

Arrêté du 14 mars 1882 relatif à l'organisation de la Caisse agricole de Tahiti.

Arrêté du 3 juin 1882 rendant obligatoire dans la colonie la computation monétaire métropolitaine.

Arrêté du 30 août 1887 autorisant l'acceptation par le Trésor local des piastres chiliennes et péruviennes, au taux maximum de 3 fr. 60 pour le paiement des contributions directes du Service local.

Arrêté du 3 août 1893 qui rapporte le précédent.

Obock

Arrêté du 21 novembre 1885.

Indo-Chine

Arrêté du Gouverneur de la Cochinchine du 22 décembre 1879.

Décret du 5 juillet 1881 portant établissement du budget local en piastres et fixant les conditions de change dans lesquelles seront réglées les opérations des services métropolitains en Cochinchine.

Décret du 10 décembre 1887 qui modifie le précédent.

Arrêtés locaux des 10 avril 1862 (piastre mexicaine ancienne), 15 mars 1872 (piastre mexicaine nouvelle), 30 juin 1874 (dollar), 22 septembre 1879 (monnaie divisionnaire) et 22 décembre 1885 (piastre de commerce).

Décrets des 21 janvier 1875 et 20 février 1888 relatifs au fonctionnement de la Banque de l'Indo-Chine.

Arrêté ministériel du 3 août 1891 autorisant la mise en circulation de billets d'une piastre.

BIBLIOGRAPHIE

OUVRAGES ET PUBLICATIONS A CONSULTER

Annuaire publié par le bureau des longitudes. — 1 volume.

Annuaires des colonies.

Bulletin des lois; — *Bulletin officiel de la marine* (antér. 1887);
— *Bulletin officiel de l'administration des colonies;* — *Bulletins
officiels des colonies.*

Cartes commerciales, physiques. politiques, etc., avec notices des-
criptives, par F. Bianconi, ingénieur géographe.

L'Économiste français, journal hebdomadaire.

Traité de législation coloniale, par Paul Dislère, conseiller
d'État, ancien Directeur des colonies. — Paris 1885. 3 volumes.

*Notices coloniales publiées à l'occasion de l'Exposition universelle
d'Anvers en 1885.* — Paris (Imprimerie nationale 1885). 3 volumes.

L'Expansion coloniale de la France, par J.-L. de Lanessan, député
de la Seine. — Paris 1886. 1 volume.

Monnaies, poids et mesures des divers États du monde, par A. de
Malarce. — Paris. 1889.

Les Colonies françaises, notices illustrées, publiées par ordre du
Sous-Secrétaire d'État des colonies, sous la direction de M. Louis
Henrique, commissaire spécial de l'Exposition coloniale française
de 1889. — Paris 1890. 5 volumes.

*Histoire monétaire des colonies françaises, d'après les documents
officiels,* par E. Zay, membre de la *Société française de numismatique,* — Paris 1892. 1 volume.

Revue universelle (N° de novembre 1892). — *Le système monétaire dans nos colonies.*

Organisation des colonies françaises et pays de protectorat,
par Ed. Petit. — Paris 1894 (en cours de publication).

Réunion

Législation de l'Ile de la Réunion par Delabarre de Nanteuil, Docteur en droit. — Paris 1862. 6 volumes.

Question monétaire, par M. Imhaus, Trésorier-Payeur général, — Saint-Denis (Réunion) 1879. 1 volume.

Une question monétaire à l'Ile de la Réunion, par M. Le Coat de Kervéguen. — Paris 1879. 1 volume.

La réforme monétaire à l'Ile de la Réunion, par Albert Aubry. — Paris 1881. 1 volume.

Afrique

La France dans l'Afrique occidentale (Sénégal et Niger) par B. Desbordes. — Paris 1884. 1 volume et un atlas.

Voyage à Segou (1878-1879), par Paul Soleillet. — Paris 1887. — 1 volume.

Indo-Chine

L'Indo-Chine française, étude politique, économique et administrative, par J.-L. de Lanessan, député de la Seine. — Paris 1889. 1 volume.

Répertoire alphabétique de législation et de réglementation de la Cochinchine par E. Laffont, administrateur des affaires indigènes en Cochinchine, et J. B. Fonssagrives, aide-commissaire colonial. — Paris 1890. 7 volumes.

TABLE DES MATIÈRES

MELUN. IMPRIMERIE ADMINISTRATIVE. — 127 H.

1894

www.ingramcontent.com/pod-product-compliance
Lightning Source LLC
Chambersburg PA
CBHW061643060726
47597CB00005B/2042